Kompost für Ihre Pflanzen

Was Sie über Kompostieren wissen müssen

David Brian

Kompost für Ihre Pflanzen

Was Sie über Kompostieren wissen müssen

David Brian

Administrator von RedWormFarms.com

© 2021 David Brian

BN Publishing

ISBN: 978-1-6382-3033-5

INHALTSVERZEICHNIS

VORWORT

Seit vielen Jahren verwalte ich meine Website RedWormFarms.com und ich schreibe sehr gerne von Zeit zu Zeit einen Artikel für meine Seite. Ich schreibe gerne über meine "Babies" - die roten Würmer oder Red Wigglers bzw. auf deutsch „Kompostwürmer".

In diesem kleinen Buch möchte ich jedoch über Kompostierung im Allgemeinen sprechen: Warum und wie man anfängt, was zu beachten ist, wie man auswählt usw.

Natürlich habe ich auch einen kleinen Teil über Wurmkompostierung eingebaut.

Ich wünsche Ihnen viel Erfolg!

David Brian, März 2021

WARUM SOLL ICH KOMPOSTIEREN? – 7 TOP-GRÜNDE FÜRS KOMPOSTIEREN

Bis heute haben Sie vielleicht gezögert, Kompost selbst herzustellen und zu verwenden. Sie finden die Aufgabe, selbst zu kompostieren, mühsam und zeitaufwendig. Oder Sie haben vielleicht falsche Vorstellungen von stinkenden Komposthaufen und einem solch unordentlichen Prozess direkt in Ihrem Garten. Während andere es vorziehen werden, ihre Düngemittel, Bodenverbesserer oder -aufbereiter und Mulch in ihren Gartengeschäften zu kaufen, um möglichen Ärger zu vermeiden, gar über Kompost zu lesen oder tatsächlich sich selbst darum zu kümmern.

Aber Sie haben dieses Buch gekauft, also sind Sie interessiert.

Hier sind meine persönlichen Top-Gründe für das Kompostieren. Ich hoffe, ich kann Sie überzeugen und Sie beginnen Ihren eigenen Komposthaufen, bevor Sie bei Grund Nummer sieben angelangt sind!

NUMMER 1: ES IST KOSTENLOS!

Der erste Grund, warum ich Kompostieren sehr lohnenswert finde, ist die Tatsache, dass die verwendeten Materialien absolut kostenlos und leicht verfügbar sind. Vergleichen Sie das mit den ständig steigenden Kosten für kommerzielle Dünger und andere Gartenprodukte auf dem heutigen Markt. Alles, was Sie brauchen, ist ein wenig zusätzlicher Aufwand, um die besten Materialien für Ihren Komposthaufen zu finden, aber ansonsten ist alles umsonst.

NUMMER 2: MEHR NÄHRSTOFFE & MINERALIEN

Der zweite Grund ist, dass Kompost mehr Nährstoffe und Mineralien liefert, die meine Pflanzen benötigen, als kommerzielle organische oder synthetische Dünger. Die Gesamtwirkung von Kompost ist auch länger als handelsübliche Dünger. Es ist kostenlos und es wirkt besser, wer würde das nicht wollen? Und wenn Sie Ihre Zutaten richtig organisieren, können Sie eine viel größere Bandbreite an Nährstoffen bereitstellen.

NUMMER 3: GUT FÜR DEN BODEN

Ein weiterer guter Grund sind die Vorteile von Kompost für die Bodenstruktur. Wenn er auf den Boden aufgebracht wird, kann er den Boden widerstandsfähiger gegen Erosion machen, die Wasserrückhaltung verbessern und bei einigen Bodentypen (wie Ton) die Wahrscheinlichkeit verringern, dass der Boden kompakt wird. Dies ist auch für Landwirte wichtig, da Kompost den Boden leichter bearbeitbar macht und so Zeit und Kraftstoff für den Betrieb der Maschinen spart.

Nummer 4: Sie vernichten das Unkraut

Mit der richtigen Kompostierungstechnik kann der Prozess sowohl lästiges Unkraut als auch Schädlinge und krankheitsverursachende Organismen abtöten, die in den zu kompostierenden Materialien vorhanden sind. Die Hochtemperaturkompostierung ist die Technik, von der ich spreche. Obwohl es sich bei dieser Technik nicht um eine Hinterhofkompostierung handelt, sondern eher um eine Labor- oder Industriekompostierung, finde ich sie dennoch einen guten Grund, warum wir Kompost herstellen sollten.

Nummer 5: Widerstehen Sie Krankheiten, Schädlingen und Insekten

Es gibt Studien, die darauf hinweisen, dass die Verwendung von Kompost das Wachstum von Krankheiten bei Nutzpflanzen unterdrücken kann. Andere Studien zeigen auch, dass Pflanzen, die auf kompostreichen Böden angebaut werden, Schädlings- oder Insektenbefall besser widerstehen können. Ebenso zeigen einige Nachrichten und Beobachtungen auf dem Feld, dass Pflanzen, die mit Kompost angebaut werden, länger lagerfähige Produkte tragen. Wenn das nicht Grund genug ist, weiß ich nicht, was Sie noch suchen.

NUMMER 6: REDUZIEREN SIE KOHLENDI-OXYD

Auch für Umwelt- und Naturschützer hat der Kompost etwas zu bieten. Die Verwendung von Kompost zusammen mit dem Boden kann Bodenkohle aufbauen, die schließlich das Kohlendioxid in der Atmosphäre reduzieren kann. Es mag eine Menge Kompost brauchen, um einen positiven Effekt auf die Treibhausgase zu haben, aber auch diese Tatsache ist ziemlich nützlich.

NUMMER 7: GIFTSTOFFE REDUZIEREN

Man hat auch herausgefunden, dass Kompost gut als Gegenmittel für Böden funktioniert, die durch landwirtschaftliche Chemikalien vergiftet sind. Kompost kann den Säuregehalt des Bodens ausgleichen und hilft Landwirten, nach Jahren der Verwendung synthetischer landwirtschaftlicher Produkte auf Bio umzustellen.

Dies sind meine Hauptgründe für die Kompostierung. Manches davon kommt vielleicht nicht direkt Ihren persönlichen Bedürfnissen zugute, aber diese Gründe zu haben, an denen man sich festhalten kann, ist eine gute Sache, um sich für die Verwendung von Kompost zu motivieren.

EINFÜHRUNG UND SCHNELLSTART IN DIE KOMPOSTIERUNG

Wenn Ihnen die Umwelt am Herzen liegt, werden Sie das Konzept des Kompostierens befürworten. Bei diesem Konzept geht es darum, dem Land zurückzugeben, was es Ihnen gegeben hat. Es dreht sich alles um Recycling. Es geht um einen Kreislauf, den die Dinge durchlaufen, um zu wachsen.

Es ist ein interessanter Kreislauf. Wenn Sie sich nur einen Moment Zeit nehmen, um einen tieferen Blick in einen Haufen verrottender Dinge zu werfen, werden Sie sehen, dass viele Dinge, wieder langsam zu einem Teil des Bodens werden. Und Sie sehen auch einige Nachkommen, die aus dem Prozess wachsen.

So ist das Leben. Und so wird auch Ihr Leben sein. Wenn Sie in Kontakt mit der Natur sind, werden Sie solche Zyklen als Wunder sehen, und als etwas, worüber Sie sich freuen können.

Kompost ist auch mehr als nur eine Anwendung von Dünger auf dem Boden. Kompost bedeutet nämlich, dass der Kreislauf des Lebens weitergeht. Zu diesem Zweck können Sie verrottende Blätter von Pflanzen und andere Dünger und Dinge, die in Ihrem Garten zu finden sind, sammeln. Sie werden dann alle Materialien verwenden, um Ihren eigenen Kompost zu bilden.

Dieses Verfahren wird tatsächlich von vielen Landwirten in allen Teilen der Welt praktiziert. Aber auch

Gärtner oder Menschen wie Sie und ich, die wir die Natur und die Dinge, die sich in ihr drehen, lieben, können davon profitieren.

Die organischen Rückstände, die Sie sammeln, wenn Sie verschiedene Materialien vom Land aufnehmen, die in etwas Schwarzes, etwas Duftendes und Krümeliges (sich zersetzendes) umgewandelt werden, sind das, was der Kompost sein wird. Die Idee dabei ist, die Materialien so anzuordnen, dass die Bodenbakterien und -pilze überleben und sich auch vermehren können, wenn sie alle zersetzt werden. Die Bakterien fungieren als die Umsetzer aller Rohstoffe. Deswegen müssen sie sich in einer arbeitsfähigen Umgebung mit der richtigen Feuchtigkeit, Nahrung und Luft befinden.

Wenn Sie Ihren noch nicht gemacht haben, aber daran interessiert sind, einen Kompost zu starten, können Sie damit beginnen, die grünen und trockenen Elemente zu sammeln, die Sie rund um Ihren Garten sehen können. Sie müssen überlegen, was Sie den Bakterien füttern können, damit sie gedeihen. Dazu können Sie auf den Grasschnitt, das grüne Unkraut, sowie die Ranken der Erbse und die Blätter des Salats zurückgreifen. Was haben sie gemeinsam? Sie enthalten sowohl Zuckerbestandteile als auch Proteine und sie alle können sich schnell zersetzen.

Trockene Blätter und andere kleine Zweige müssen bei der Zersetzung mit dem Grünzeug vermischt werden. Diese Materialien benötigen viel Zeit, um sich zu zersetzen, da sie wenig Stickstoff enthalten. Deshalb dürfen sie bei dem Prozess nicht allein gelassen werden.

Sie können auch einen Komposthaufen aufbauen, indem Sie einen Dünger mischen und dann Mist und Gartenerde zwischen jeder Schicht Ihres gesammelten Abfallmaterials hinzufügen.

Sie müssen kein Profi sein, um sich Ihre eigene Version dieses Werkzeugs auszudenken. Alles, was Sie haben müssen, ist ein großes Herz für die Natur und Sie sind startklar.

Was Sie bedenken müssen, ist, dass Sie der Umwelt einen großen Gefallen tun, indem Sie sich an einem solchen Prozess beteiligen. Nicht jeder liebt es zu gärtnern, und es ist auch wahr, dass nicht jeder die Idee der Kompostherstellung lieben wird.

Übung macht alles perfekt. Das gilt auch für die Idee des Kompostierens. Mit der Zeit werden Sie in der Lage sein, Ihre eigenen Techniken zu entwickeln. Und hoffentlich werden Sie in der Lage sein, mit anderen zu teilen, was für ein Juwel Sie in dieser Art von Prozess gefunden haben.

GARTENKOMPOSTER - WIE WÄHLEN SIE?

Wie wählen Sie, welche Art von Garten Komposter Sie verwenden möchten? Es gibt so viele Möglichkeiten, Gartenkompostierung zu betreiben und so viele verschiedene Arten von Gartenkompostbehältern. Die Wahl ist natürlich eine sehr persönliche, diktiert von Budget, Stil und wie schnell Sie hoffen, Gartenkompost zu machen. Um Ihnen zu helfen, sich für eine Option zu entscheiden, schauen wir uns diejenigen an, die Sie kaufen können und diejenigen, die kostenlos sind. Um loszulegen, werfen wir einen Blick auf die am häufigsten verwendeten Arten von Garten Kompostbehältern, die Sie kaufen können.

GESCHLOSSENE KOMPOSTTONNEN FÜR DEN GARTEN

Es sind kompakte Gartenkomposter, die Ungeziefer und Regen abhalten und gleichzeitig warm halten. Diese sind eine günstige Variante der Kompostbehälter, werden am meisten gekauft und zwar am häufigsten von jenen, die erstmalig kompostieren. Sie halten den Kompost in Ordnung und sicher. Sie können zwischen Holzkomposttonnen oder den billigeren Komposttonnen aus Kunststoff wählen. Achten Sie darauf, dass Ihr Komposter Belüftungslöcher hat, um Sauerstoff hineinzulassen. Idealerweise wählen Sie ein Modell, das am Boden eine Öffnung hat, damit das fertige Produkt leicht entnommen werden kann. Gartenkomposter sind leicht erhältlich und bestehen zu 100 Prozent aus recyceltem Kunststoff, also machen Sie sich nicht zu viele Gedanken über die Umweltauswirkungen beim Kauf eines Kunststoffmodells. Der grosse Vorteil der Kunstoffmodelle ist, dass sie in der Regel leichter sind als die Holzprodukte.

Der Nachteil bei verschlossenen Behältern ist, dass das Wenden des Komposts schwierig sein kann, es sei denn, Sie haben einen sehr starken Freund, der hilft, den Behälter vom Kompost selbst zu trennen. Auf der Plusseite ist zu vermerken, dass sie relativ schnell Kompost erhalten, weil sie die Gartenabfälle warm und feucht kompostieren. Diese versiegelten Gartenkomposttonnen sollten Ihnen in der Regel innerhalb von sechs Monaten Kompost von guter Qualität liefern. Bei Verwendung in besonders kalten Regionen oder bei sehr geringen Mengen an Gartenabfällen und Küchenresten kann es bis zu zwei Jahre dauern, bis der Kompost entsteht. Dies ist jedoch der ungünstigste Fall und kein übliches Szenario. Ein versiegelter, preiswerter Plastikkompostbehälter in Großbritannien (nicht bekannt für lustige Sommer) produzierte nach meiner Erfahrung oft gesunden Hummus in weniger als sechs Monaten.

VERSCHIEBEN VON KOMPOSTBEHÄLTERN IM GARTEN

Diese sind ein brandneues und trendiges Konzept in der typisch behäbigen Gartenkompostierung. Sie können die rollenden Tonnen dorthin rollen, wo Ihre Gartenabfälle liegen, sie befüllen und sie dann dorthin rollen, wo Sie wollen. Indem Sie sie alle paar Tage kurz umdrehen, vermischen sich Gartenabfälle und Küchenreste, so dass Sauerstoff eindringen kann und die Zersetzung beschleunigt wird. Sie halten Ungeziefer und Regen ab und heizen auf die gleiche Weise wie die statischen Mülltonnen. Aber sie machen den Haufen sehr einfach zu belüften. Der Nachteil ist, dass sie, wenn sie voll sind, ziemlich schwer werden. Sie sind nützlich, wenn Sie viel flachen Platz haben, da Sie die Tonne in Ihrem Garten von Projekt zu Füllung Projekt rollen können. Wenn Sie immer wieder grössere Mengen Kompost an verschiedenen Stellen im Garten und eine einigermassen Ebene Fläche haben, sind diese Kompostbehälter DIE Empfehlung.

KOMPOST-TUMBLER ODER KOMPOST-DREHBEHÄLTER

Diese Kunststoff-Gartenkomposttonnen gibt es in vielen verschiedenen Ausführungen. Bei allen kann der gesamte Behälter um die eigene Achse gedreht werden, um den Inhalt zu mischen und zu belüften. Diese sind so effizient, dass sie es viel schneller als mit üblichen Mitteln schaffen, nützlichen Gartenkompost zu erzeugen. Einige Gärtner sagen, dass sie mit diesen Behältern innerhalb von Wochen Kompost erzeugen können. Sie werden leicht die Zeit halbieren, die es braucht, um Ihren Kompost zu erstellen.

Einige Modelle kommen mit einem Sammelsystem, um Ihnen Komposttee, der eine große konzentrierte Pflanzennahrung ist, leicht zu geben. Einige haben zwei Kammern, die eine großartige Option sind (wenn es die Mittel erlauben), weil es bedeutet, dass Sie immer einen Komposthaufen bereit haben können, während ein anderer erstellt wird. Achten Sie bei der Auswahl dieser Kompostbehälter darauf, dass Sie solche vermeiden, die sich um ihre kurze Achse drehen (d.h. solche, die aufrecht stehen). Während diese oft die billigeren Optionen sind, und großartig für den Anfang, werden sie schnell sehr schwer zu drehen. Diejenigen, die horizontal sind, sind viel einfacher zu bedienen, Drehen auf der langen Achse bedeutet, dass es viel weniger Aufwand benötigt, um sie zu drehen.

Kompost-Drehbehälter oder -Tumbler werden immer beliebter, obwohl sie teurer sind als statische Komposttonnen, weil sie den fertigen Kompost so schnell produzieren. Bei diesen Behältern ist der einzige wirkliche Nachteil, dass sie ein wenig größer und teurer als statische Behälter sind. Aber ihre Geschwindigkeit und Effizienz machen das mehr als wett.

WURMKOMPOSTIERUNG

Auch die Popularität von Vermiculture oder Wurm Kompostierung ist steigend. Verpassen Sie nicht meine Seite RedWormFarms.com zu diesem Thema! Würmer erzeugen sehr schnell Kompost und verzehren dafür gerne die verschiedensten Küchenabfälle. Ein kompaktes, kontrolliertes Gerät wie Wurmkomposter ist für diejenigen geeignet, die wenig Platz haben. Trotzdem brauchen Würmer Aufmerksamkeit und Bedienung. Insbesondere die Temperatur kann ein Problem sein, daher ist es wichtig zu überlegen, wo man eine Wurmfarm außerhalb von kalter Zugluft und heißem Sonnenlicht aufstellt. Wurmfarm-Gartenkompostbehälter sind am einfachsten in Innenräumen zu halten, wo Temperaturschwankungen weniger wahrscheinlich sind. Richtig geführte Wurmfarmen zersetzen Ihre Küchenabfälle sehr schnell und Sie können den Komposttee, den sie produzieren, leicht wieder einsammeln. So erhalten Sie auch sofortige flüssige Pflanzennahrung, sowie schnellen Kompost.

Sie sind eine anständige Möglichkeit, Küchenabfälle zu recyceln. Aber wenn Sie eine Menge Gartenabfälle produzieren, werden Sie immer einen Gartenkomposter brauchen.

OFFENER GARTEN-KOMPOSTHAUFEN

Der Fairness halber stelle ich diesen Kompostern einen offenen Komposthaufen gegenüber. Komposthaufen sind eine gute Wahl. Wir haben offene Systeme verwendet, um wunderbaren Kompost im Garten zu produzieren. Auch wenn es verhältnismässig lange dauert. Ich kann jedoch nicht empfehlen, für einen zu bezahlen. Sie sind nicht so teuer, aber ich bin sicher, Sie könnten Holzabfälle oder einen Drahtzaun verwenden, um leicht einen selbst zu bauen. Sie können einen großen Plastikkompostbehälter für das doppelte Geld bekommen, und in einem Bruchteil der Zeit Ihren Gartenkompost erstellen. Wenn Sie kein Geld in die Hand nehmen wollen, dann sind sie nützlich. Sie sind ein guter Weg, um verschiedene Kompostierungsmaterialien ordentlich aufzuschichten und in Kompost zu verwandeln. All dies ohne grossen Aufwand und ohne viel Budget.

WIE MAN EINEN GARTENKOMPOSTER AUSWÄHLT

Ihr Budget ist der Schlüssel, nach dem Sie Ihren Gartenkomposter wählen. Es gibt natürlich Variationen in der Größe, aber auch der kleinste Garten wird wohl Platz für die meisten Sorten von Gartenkompostern haben. Ein Kompost-Tumbler ist wahrscheinlich der Gewinner für mich, primär, weil er den Kompost so schnell herstellt. Dennoch muss ich sagen, dass die bescheidenen Kunststoff Garten Kompostbehälter auch immer Favoriten sind, einfach aus Budgetgründen. Im Laufe der Jahre sind sie preiswert genug geworden, um gleich zwei oder drei zu kaufen. So können Sie verschiedene Kompostierungszustände zur Verfügung haben. Sie wandeln die Gartenabfälle in der Regel ziemlich schnell um und halten ewig.

Ich denke, einfach ist manchmal besser, also bin ich ein Fan des einfachen Kunststoff-Gartenkompostbehälters, aber das ist nur mein Standpunkt. Eine Anmerkung - denken Sie über die Farbe nach. Viele der Komposttonnen im Garten kommen in einer verwirrenden Vielfalt von Grüntönen daher. Nicht alle werden im Bild Ihres Gartens verschwinden. Schwarz hingegen verschwindet immer noch im Hintergrund. Jetzt haben Sie einige Details darüber, was Ihre Wahlmöglichkeiten sind, wenn Sie einen Komposter für ein Gewächshaus kaufen möchten. Mögen Sie die für Sie beste Auswahl treffen!

WIE MAN IM WINTER MIT DEM KOMPOSTIEREN BEGINNT

IHRE OPTIONEN

Irgendwann im Jahr ist es für uns an der Zeit, darüber nachzudenken, wie wir unsere Küchenabfälle das ganze Jahr über kompostieren können, vor allem, wenn der Herbst naht. Für viele, die in den schneereichen Gegenden der Welt leben, ist es bestenfalls unmöglich, im Winter an die Kompostierung zu denken. Wenn Sie jedoch reichen Dünger für Ihre Gartenarbeit im nächsten Frühjahr bereit haben möchten, gibt es ein paar Dinge, die Sie tun können und mit denen Sie gleichzeitig Ihren Fußabdruck auf der Mülldeponie der Welt das ganze Jahr über reduzieren. Hier sind nur ein paar verschiedene Optionen für die Winterkompostierung:

1. Indoor-Kompost mit Würmern
2. Kompostierung mit Würmern im Freien
3. Traditionelle Kompostansätze im Freien

Die Wurmkompostierung im Haus ist meiner Meinung nach die beste Lösung für den Durchschnittshaushalt. Viele Bürger haben jedoch ein anständiges Stück Land zu bewältigen, und vielleicht gar eine Menge Land mit Gartenabfall. Zu diesen Gelegenheiten kann sowohl mit als auch ohne Würmer im Freien kompostiert werden, mit ein wenig zusätzlicher Arbeit während des Jahres.

WURMKOMPOSTIERUNG IM INNENBE-REICH

Schauen wir uns die erste Option an: Würmer kompostieren im Haus. Das erste, was Sie brauchen, um zu beginnen, ist ein Behälter für Ihre Würmer, in dem sie leben können. Sie können mehrere verschiedene Arten von Wurmbehältern mit nichts mehr als einem Plastikbehälter und einer Bohrmaschine erstellen. Viele, viele Behälter von Herstellern wie Can-O-Worms, Gusanito Worm Farm, Wriggly Wranch und anderen sind ebenfalls auf dem Markt. Schauen Sie einfach online oder in Ihrem Gartenbaumarkt. Diese vorgefertigten Behälter sind für die Verwendung in Innenräumen gedacht; sie sind schön anzusehen, relativ einfach in der Ernte von Wurmkot und preiswert. Ich persönlich habe meinen Gusanito-Behälter in meiner Speisekammer und meine Würmer sehen sehr gesund aus.

Wenn Sie sich entscheiden, Ihren eigenen Wurmkübel für den Innenbereich zu bauen, dann ist das nachfolgend beschriebene Vorgehen eine einfache Möglichkeit, dies zu tun.

EIGENBAU EINES WURMKOMPOSTERS

Wählen Sie einen undurchsichtigen Plastikbehälter oder einen ähnlichen Behälter; Würmer mögen kein Licht und mögen keinen durchsichtigen Behälter. Bohren Sie viele Löcher für die Entwässerung entlang des Randes des Behälters. Verwenden Sie den Deckel des Behälters, um überschüssige Flüssigkeit zu speichern.

Verwenden Sie kleine Holzklötze oder etwas Ähnliches, um den Behälter nur ein oder zwei Zentimeter über dem Deckel ruhen zu lassen; so kann überschüssige Flüssigkeit leicht aus dem Behälter in den Deckel fließen. Ein Wurmeimer besteht sowohl aus Einstreumaterialien als auch aus Wurmfuttermaterialien. Nach vielen Experimenten habe ich herausgefunden, dass Kokosfasern oder Torfmoos die besten Materialien für die Einstreu sind. Diese Materialien sorgen für eine gute Luftzirkulation und helfen gleichzeitig, Fliegen fernzuhalten, weshalb sie von mir bevorzugt werden. Sie können auch zerkleinertes Papier verwenden, aber ich schlage vor, dass es vor der Verwendung fein zerkleinert wird, um auch Schädlinge abzuhalten.

DIE WURM-LASAGNE

Nun ist es Zeit, eine Wurm-Lasagne zu machen, jetzt, wo Sie Ihren Behälter haben. Schichten Sie zunächst ein paar Zentimeter feuchte Einstreu (wie oben beschrieben) auf den Boden, geben Sie dann Ihre Würmer dazu, fügen Sie einen weiteren Zentimeter feuchte Einstreu dazu. Darauf folgen nun Ihre Küchenabfälle. Dann fügen Sie zwei oder drei weitere Zentimeter feuchte Einstreu dazu. Ich mag die Methode der Lasagne, da sie die Aufwärtswanderung der Würmer zum Futter erleichtert und Ihnen hilft, buchstäblich mehr Futter zu schichten, während die Würmer wandern. Streuen Sie großzügig gemahlenen Zimt auf Ihre oberste Einstreuschicht. Zimt ist ein natürliches Insektizid und wird Fliegen nicht anziehen. Dieser Behälter, den ich gerade vorgeschlagen habe, ist ein offenes Gefäss, oder ein Behälter ohne Deckel. Ich habe festgestellt, dass es einfacher ist, die Würmer dort zu halten, wo sie hingehören, wenn Ihre Behälter keine Deckel haben. Wurmkübel mit Deckeln verursachen außerdem Kondensation an den Wänden des Innenraums, was bedeutet, dass die Würmer umherwandern. Selbst ein Behälter mit einem Deckel würde noch weniger Belüftung für Ihre kleinen Freunde bieten und sie müssen atmen!

Halten Sie ein kleines Gefäß in der Nähe der Spüle für den täglichen Gebrauch, um Nahrung für Ihre Würmer zu sammeln. Dann ist ein größerer Behälter in Ihrem Gefrierschrank ratsam; dies hält Fliegen fern und hilft auch, die Wurmnahrung zu zersetzen, wenn sie auftaut. Werfen Sie dann wöchentlich den gesamten Inhalt auf die oberste Schicht Ihres Behälters, und bedecken Sie ihn erneut mit etwa fünf Zentimetern trockenem Einstreu. Sie können die Küchenabfälle auf der Theke auftauen und dann in einem Mixer oder einer Küchenmaschine mischen, wenn Sie die Möglichkeit von Fliegen noch weiter reduzieren wollen. Das macht die Abfälle sowohl für die Würmer leichter und schneller zu fressen, als auch für Fliegen schwer, einen schönen klebrigen Platz zu finden, um ihre Eier abzulegen. Ein gut gepflegtes Waschbecken wird nicht stinken. Wenn Sie unangenehme Gerüche wahrnehmen, bedeutet das, dass Sie die Würmer überfüttert haben und sie nicht mithalten können. Stellen Sie die Fütterung ein, bis die Gerüche verschwinden und es klar ist, dass die

Würmer auf den bereits vorhandenen Resten gute Fort-
schritte machen.

WURMKOMPOSTIERUNG IM FREIEN

Lassen Sie uns nun über die Kompostierung im Winter mit Würmern im Freien sprechen. Der Gedanke, dass Würmer einen arktischen Winter im Freien überleben können, mag verrückt erscheinen, aber sie können es sicherlich, wenn Sie ihnen geben, was sie brauchen: Wärme und Nahrung. Zuerst müssen Sie einen Platz auf Ihrem Grundstück finden, an dem Sie einen Haufen Wurmkompost anlegen können. Sie müssen eine gute Anzahl von Stroh- oder Heuballen finden, um die Wände Ihres Systems zu bauen, nachdem Sie ein grobes Maß genommen haben. Legen Sie die Ballen in Zweiergruppen um den Rand Ihres geplanten Wurmbeetes. Dann ist es an der Zeit, eine Wurmlasagne zu machen (siehe vorheriges Kapitel). Beginnen Sie mit Karton auf dem Boden, der als falscher Untergrund für Ihren "Topf" dient. Und fahren Sie damit fort, Schichten von Gartenabfällen, Blättern, Essensresten und Dung anzubringen. Dung ist der Hauptbestandteil eines winterlichen Wurmbeetes im Freien, da er bei seiner Zersetzung viel Wärme produziert. Wenn das Bett aufgestellt ist, fügen Sie die Würmer hinzu. Drapieren Sie eine schwarze Plane über die gesamte Konstruktion, bis die Würmer tief in Ihre Lasagne eingetaucht sind. Die Plane wird sowohl Feuchtigkeit zurückhalten als auch die Wärme der Sonne aufnehmen, wenn sie in den Wintermonaten erscheint. Wenn Sie sich entscheiden, ein Wurmbeet im Winter zu versuchen, stellen Sie sicher, dass Sie genug Würmer haben, um die Materialien zu verarbeiten. Eine gute Daumenregel ist 1 Pfund pro 10

Quadratzentimeter Oberfläche (obwohl Sie auch mit weniger auskommen können). Sie müssen auch in der Lage sein, Ihre Würmer regelmäßig zu kontrollieren. Kaufen Sie ein Kompostthermometer oder ein Thermometer mit Fernfühler, um sicherzustellen, dass die Temperatur im Wurmbeet zwischen 13 und 25 Grad Celsius liegt. Sie können das gleiche Konzept wie bei der Kompostierung von Würmern in Innenräumen verfolgen und Ihre Lebensmittelabfälle im Gefrierschrank aufbewahren. Bringen Sie dann den Behälter wöchentlich nach draußen und vergraben Sie den Inhalt in der vorhandenen Wurmeinstreu.

Es gibt einen speziellen kommerziellen Outdoor-Wurmkübel für den Winter, den ich gesehen habe, und ich muss zugeben, dass er faszinierend ist. Es ist der Wigwam Wurm Komposter. Dieses Gerät ist ein Durchflusssystem, das es ermöglicht, Komposttee vom Boden zu ernten. Der Komposter hat auch eine Heizung, die ihn ideal für die Kompostierung mit Würmern im Freien im Winter macht. Leider ist es mit rund 600 Euro ziemlich teuer. Wenn die Kosten für Sie keine grosse Rolle spielen, dann sollten Sie es mit diesem Gerät versuchen.

WINTERKOMPOSTIERUNG OHNE WÜR-MER

Winter Outdoor-Kompostierung ohne Würmer kann in der gleichen Weise wie mit Würmern funktionieren. Sie können die gleiche Art von isoliertem Haufen bauen und sicherstellen, dass Sie viel Dung zur Wärmeerzeugung hinzufügen. Der einzige Unterschied ist, dass Sie den Haufen regelmäßig belüften müssen (während Würmer dies natürlicherweise tun). Das bedeutet, dass Sie mindestens einmal pro Woche mit der Schaufel oder Mistgabel rausgehen müssen, um den Inhalt Ihres Haufens manuell umzuschichten. Da Sauerstoff für den Zersetzungsprozess benötigt wird, sind diese Umschichtungen ein absolutes Muss, wenn Sie diese Form des Haufens verwenden möchten.

RECHTZEITIGE VORBEREITUNG

Für jede Form der Kompostierungsmethode müssen Sie im Sommer/Herbst planen, um im Winter bereit zu sein. Bevor die Temperaturen zu weit fallen, stellen Sie sicher, dass Sie Ihr System installiert und in Betrieb genommen haben. Andernfalls könnten Sie versucht sein, den ganzen Winter über im Schlafanzug zu bleiben und die Sache mit dem Kompostieren zu vergessen. Doch grün zu werden ist eine Angelegenheit, die ein Jahr dauert, also seien Sie im Voraus vorbereitet, damit Sie weiterhin Ihren Teil für die Umwelt tun und den organischen Dünger produzieren können, den Sie für das nächste Jahr benötigen.

KOMPOSTIERUNG - ANDERE FORMEN

"PASSIVE" KOMPOSTIERUNG

Wenn Sie in die Kategorie der Menschen fallen, die einfach nicht die Zeit, den Platz oder die Menge an kompostierbarem Material haben, um einen Komposthaufen oder Container zu unterhalten, finden Sie einige Alternativen. Diese fallen alle unter die Rubrik der passiven Kompostierung, da sie, sobald die organischen Abfälle dem System zugeführt wurden, wenig weitere Arbeit erfordern. Passive Kompostierung ist die Art und Weise, wie die Natur kompostiert, und wird manchmal als eine faule Art der Kompostierung angesehen. Die meisten Befürworter der passiven Kompostierung würden wahrscheinlich den Begriff "intelligent" dem Begriff "faul" vorziehen. Bei der Blattkompostierung wird der Komposthaufen entfernt, da die kompostierenden Materialien in Schichten über den Boden verteilt werden, typischerweise in einem Blumen- oder Gemüsebeet. Dies ist ein langsamer Prozess, aber wenn Sie bereit sind zu warten, können Sie sich mit hochgelagerten Füßen zurücklehnen und Mutter Natur ihren Lauf lassen. Während sich die Schichten zersetzen, können Sie weitere Schichten hinzufügen und die Tiefe des Beetes ausbauen. Dieser Ansatz ist perfekt für die Entsorgung des gesamten Herbstlaubs, da sich viele Leute die Zeit nehmen, das Laub zusammenzuharken und für die Entsorgung in Säcke zu verpacken. Sie können auch von einigen Ihrer Nachbarn gesacktes Laub für zusätzliches Material erfragen. Da sich die Blattkompostierung für jede Form von kompostierbarem Material eignet, können Sie aus Ihrem Garten abgeschnittenes Material auf dem Boden liegen lassen.

Warum sollten Sie sich die Zeit und Energie nehmen, all Ihre Schnittabfälle auf den Komposthaufen zu bringen, nur um den fertigen Kompost wieder in den Garten zu bringen? Manche Leute gehen so weit, dass sie ihre pflanzlichen Abfälle vom Grundstück entfernen, eine Stelle im Hof freimachen, die pflanzlichen Abfälle auf dem Boden ausbreiten und dann mit einer Laub- oder Mulchschicht abdecken. Die Tatsache, dass man dann immer wieder über den Hausmüll geht, führt dazu, dass sich das Material etwas schneller zersetzt. Wenn Sie diese Form der Blattkompostierung ausprobieren, sollten Sie sich bewusst sein, dass diese Art der Kompostierung allerdings auch unerwünschte Lebewesen in Ihren Garten lockt.

Ein Vorteil der Blattkompostierung ist, dass sie genutzt werden kann, um neue Gartenbeete anzulegen, ohne die übliche mühsame Arbeit. Alles, was Sie brauchen, ist, den Beetbereich zu identifizieren und dann alles innerhalb dieses Raumes bis auf den Boden abzuschneiden. Als nächstes bedecken Sie die gerodete Fläche mit 8-10 Seiten dicken Schichten von Zeitungen. Befeuchten Sie die Zeitungen, damit sie an Ort und Stelle bleiben, und bedecken Sie sie bis zu einer Höhe von mindestens einigen Zentimetern mit Mulch oder Laub. Sie können die Fläche auch weiterhin mit Materialien wie Gras- oder Gartenabfällen bedecken. Je nachdem, wo Sie wohnen, wird das Feld in 6 Monaten bis zu einem Jahr von Unkraut, Wurzeln und allem, was vorher gewachsen ist, befreit sein. Alles, was Sie nachher haben, ist Boden, der reich an organischen Materialien und bereit ist, bepflanzt werden.

NOCH EINMAL - WURMKOMPOSTIERUNG

Mit der Verfügbarkeit von Würmern auch über den Versandhandel wird die Wurmkompostierung (Vermicomposting) immer beliebter. Würmer sind die wahren Arbeitstiere im Garten, wenn es darum geht, organische Materialien in Kompost umzuwandeln, und selbst wenn Sie keinen Garten haben, können Sie diese Kerle leicht trainieren, für Sie zu arbeiten. Da die Wurmkompostierung fast geruchlos ist, kann sie auch in einer Wohnung durchgeführt werden, aber die meisten Leute bevorzugen einen Keller oder eine Garage.

Würmer verdauen Lebensmittelabfälle – sogar Pfirsichkerne sind weg – und lassen "Vermicompost" Wurmausscheidungen zurück, was der beste verfügbare Kompost überhaupt ist. Alles, was man braucht, um mit der Wurmkompostierung zu beginnen, sind die Würmer und ein Behälter, der die Würmer und die Lebensmittelabfälle aufnimmt. Wenn Sie diese nicht in der Nähe finden können, können Sie sie online bestellen. Wenn Sie nicht kompliziert sind und aufs Budget schauen müssen, können Sie praktisch alle Arten von Behältern nehmen. Ursprünglich waren normale Plastikboxen die Behälter der Wahl, jetzt verwenden viele

Leute handelsübliche Wurmkomposter. Selbstgemachte Behälter können Sie aus üblichen Haushaltsboxen, die Sie in jeden normalen Haushaltwarengeschäft erhalten, herstellen. Stellen Sie sicher, dass der Behälter etwa einen halben Zentimeter große Entwässerungslöcher im Boden hat. Fügen Sie etwa 20 cm geeignete Einstreu, Würmer und Gemüsereste wie Kartoffelschalen, Kaffeesatz und schimmeliges Brot hinzu. Sobald das System eingerichtet ist, beginnt es, sich selbst zu regulieren. Die Würmer werden mit der Verdauung beginnen, wenn die Nahrungsmaterialien zerfallen und sie in Kompost verwandeln. Je mehr Futter Sie haben, desto mehr Würmer werden es fressen. Reduzieren Sie das Futter so verringern Sie die Anzahl der Würmer. Wenn Sie anfangen, Gerüche zu bemerken, sind Sie wahrscheinlich überfüttert und müssen die Futtermenge für einige Zeit reduzieren. Beginnen Sie einfach auf einer Seite des Behälters zu füttern, um den Kompost zu ernten. Alle Würmer werden in etwa einem Monat zu der anderen Seite des Behälters wandern, die das Futter enthält, so dass die andere Hälfte des Behälters für die Ernte zur Verfügung steht.

Da die Wurmkompostierung sauber, in sich geschlossen und fast geruchlos ist, sind viele Bewohner von Wohnungen begeisterte Wurmkompostierer. Es gibt Leute die dafür bekannt sind, eine grosse Milchbehälterflasche (die in Amerika üblichen grossen „Gallonen" – ca. 3.8 Liter) zum Kompostieren auf ihrer Küchenarbeitsplatte zu verwenden, um genug Kompost zu produzieren, um damit ihre Zimmerpflanzen zu pflegen. Sie kennen vielleicht auch die im europäischen Raum üblichen grossen Wasserflaschen.

Die Kompostiergrube hingegen ist genau das, was sie andeutet. Graben Sie einen Graben etwa 30 cm tief und beginnen Sie, ihn mit organischen Küchen- oder Gartenabfällen zu füllen, vermeiden Sie Fleisch, Knochen und fettige Lebensmittel. Während Sie den Graben mit Abfällen füllen, decken Sie ihn nach und nach ab. Dies hat den Vorteil, dass unerwünschte Lebewesen ferngehalten werden. Ein System, das die Engländer vor vielen Jahren entwickelt haben und das sich besonders gut für Gemüsegärten eignet, ist das Anlegen von drei Reihen. Die erste Reihe ist für die Bepflanzung, die zweite für das Begehen und die dritte für den Kompostiergraben. Die Reihen werden jedes Jahr gedreht, so dass die Reihe, die im ersten Jahr zum Pflanzen verwendet wird, im zweiten Jahr zur Kompostierreihe und im dritten Jahr zur Gehreihe wird. Auf diese Weise hat die Reihe, die für die Kompostierung im ersten Jahr verwendet wird, zwei Jahre Zeit, den Abfall abzubauen, bevor Pflanzen darauf gepflanzt werden. Das System ähnelt dem Prinzip der Dreifelderwirtschaft, das Sie vielleicht kennen.

Nach-Loch-Kompostierung

Die Nach-Loch-Kompostierung ist eine Variante der Grabenkompostierung und geht wahrscheinlich auf die Zeit zurück, als der Mensch erstmals Landwirtschaft betrieb. Jeder kennt die Indianer, die den Pilgervätern zeigen, wie man bei der Aussaat einen Fisch in das Loch gibt. Dies war im Grunde genommen die Kompostierung nach dem Loch. In seiner heutigen Form beinhaltet es nur, dass Sie mit einem Pfostenlochgräber ein Loch (etwa 25 cm tief) in Ihren Gartenbereich graben, Ihre Abfälle einbringen und dann das Loch mit der entnommenen Erde wieder auffüllen. - Sobald Sie genug Abfall gesammelt haben, graben Sie ein neues Loch und "bepflanzen" es. Mit dieser Methode können Sie beginnen, die umliegenden Pflanzen zu ernähren, während sie abgebaut werden. Dieser Kompostierungsprozess dauert etwa genauso lange wie bei der Grabenmethode.

Kompostieren muss nicht zeitaufwendig oder arbeitsintensiv sein. Mit einer dieser passiven Kompostierungsmethoden können Sie sich auf den Weg zu einem grüneren Lebensstil und einer kleineren CO_2-Bilanz machen.

VERBESSERN SIE IHREN GARTENBODEN (UND REDUZIEREN SIE DEN ABFALL)

Böden in Gebieten, die noch nie bearbeitet wurden, haben selten die Eigenschaften, die für den Anbau von domestizierten Pflanzen und Gemüse erforderlich sind. Während der Boden in einem bestimmten Gebiet mit Gräsern und anderen natürlich vorkommenden Pflanzen bedeckt sein kann, wurden moderne Pflanzenzüchtungen im Laufe der Jahre auf die Sorten mit den höchsten Erträgen selektiert. Nur wenn sie in einem Boden wurzeln, der diese Bedingungen erfüllt, können diese Pflanzen ihr Potenzial entfalten.

Die besten Böden für den Gartenbau sind in der Regel

- locker und bröckelig (auch als Bodenkrume bezeichnet),
- federn zurück, wenn sie verdichtet werden – sogar, wenn sie nass sind –
- nehmen leicht Wasser auf,
- speichern das Wasser, bis es benötigt wird,
- enthalten die für die Pflanzenentwicklung notwendigen Nährstoffe,
- unterstützen eine florierende Population nützlicher Organismen,
- haben gute pH-Pufferfähigkeiten und
- sind resistent gegen Erosion.

Der beste Weg, die Bodenbedingungen für die Gartenarbeit zu verbessern, ist die Einführung von "Bodenmodifikationen". Bodenmodifikationen sind alles, was die Bodeneigenschaften verändert. Einige Bodenmodifikationen verbessern die Eigenschaften von Böden besser als andere. Zum Beispiel war es früher üblich, Lehm zu sandigem Boden oder Sand zu lehmigem Boden hinzuzufügen, was die Bodenbeschaffenheit für ein paar Jahre verbesserte. Allerdings wurde der Boden nach ein paar Jahren oft so hart wie Beton, da sich die Partikel unterschiedlicher Größe zu einer engen Matrix verdichteten.

So hat man nach einigen Jahren das Gegenteil des gewünschten Effekts, so dass diese Methode der Bodenmodifikation eindeutig nicht ideal ist. Kompost ist eine der besten Bodenmodifikationen und es ist auch eine, auf die alle Gärtner zugreifen können. Dies liegt daran, dass ein Gärtner entweder Kompost kaufen kann, oder eben sogar seinen eigenen Kompost selbst herstellen kann. Jedes Jahr sollte ein gewisser Prozentsatz eines Gartens zum alleinigen Zweck der Anreicherung des Bodens bepflanzt werden. Ein großer Teil der Gartenfläche könnte im ersten Jahr dem Anbau von Pflanzen in Gebieten mit sehr schlechten Böden gewidmet werden, was eine Menge Kompost von guter Qualität produziert, der wiederum den Prozess der Bodenverbesserung beschleunigen wird. Einige der besten Pflanzen für diesen Zweck sind Leguminosen. Eines der schönen Dinge am Kompostieren mit Würmern ist, dass der Kompostierungsprozess in kürzerer Zeit abgeschlossen werden kann als ohne Würmer, sobald eine große Population von Würmern etabliert ist. Wurmkompost ist auch Pfund für Pfund effizienter als die meisten anderen Komposte. Das bedeutet weniger Schaufeln für den Gärtner, und weniger Arbeit insgesamt.

Zuerst muss wie beschrieben ein guter Kompostierungsbehälter installiert werden. Würmer sind nicht so wählerisch. Von gestapelten Autoreifen bis hin zu alten Kühlschränken wurde alles verwendet. Das Wichtigste für die Kompostwürmer ist, dass eine ausreichende Belüftung gegeben ist und die Temperatur nicht zu extrem wird, unter dem Gefrierpunkt und über 40 Grad Celsius ist zu extrem.

Wenn Sie einen Behälter auswählen, müssen Sie "Einstreu" für die Würmer haben.

Was ist Einstreu? Einstreu ist das Material, in dem die Würmer leben.

I. Leeres Papier

II. Pappe zerkleinert

III. Torf

IV. abgestorbene Blätter

V. Alter Dünger

VI. Gealterter Dung (frischer Dung, sollte nicht verwendet werden)

VII. Kokosfasern

Dreck / Gartenerde ist KEIN Einstreu. Das Hinzufügen von ein wenig ist perfekt, aber nicht mehr als eine Handvoll. Die Kombination von verschiedenen Arten von Einstreu ist perfekt.

Das Bett für Ihre Würmer soll warm sein. Holen Sie einen Behälter und geben Sie etwas Wasser hinein. Nehmen Sie dann eine Handvoll Ihres Einstreus, legen Sie es in das Wasser und lassen Sie es ein paar Sekunden lang einweichen. Drücken Sie dann das überschüssige Wasser weg, ähnlich wie bei einem Schwamm, der ausgedrückt wurde. Das ist alles, was nötig ist, um das Bettzeug zu befeuchten. Nehmen Sie nun diese Handvoll feuchten Einstreu und legen Sie ihn auf den Boden des Wurmeimers. Wiederholen Sie diesen Vorgang, bis Sie etwa 5 cm Einstreu haben. Jetzt sind Sie mit dem Bett fertig.

Ein interessanter Hinweis ist, dass Würmer alleine in feuchter Einstreu leben können. Das Problem ist ein Mangel an Nahrung, so dass sie sich weder vermehren noch über die Zeit entwickeln. Der nächste Schritt besteht darin, eine kleine Menge an Futter auf die Einstreu zu geben. Kleine Menge bedeutet eine Tasse voll.

Was ist Gastronomie? Würmer sind nicht wählerische Esser. So können sie mit so ziemlich jeder Frucht, Gemüse, Nuss oder Bohne arbeiten. Kaffee und Filter, Eierschalen, Nudeln, und sogar Fleisch und Käse sind erlaubt. Das Problem mit Fleisch und Käse ist, dass die Würmer wie verrückt stinken werden, also geben Sie sie nicht dazu. Decken Sie dieses Futter mit ein wenig Einstreu ab, um Fliegen und Gerüche fernzuhalten. Sie können noch eine oder zwei Schichten Futter hinzufügen, nur nicht so tief, dass keine Luft mehr bis zum Boden einsickern kann. Es ist auch wichtig, dass das Futter in Schichten liegt und nicht "eingerührt" wird. Das liegt daran, dass die Würmer in der Lage sein müssen, aus den Futterzonen in einen Einstreubereich zu entkommen, oder sie werden nicht überleben. Jetzt sind Sie damit fertig, das Zuhause für den Wurm vorzubereiten. Jeder Wurm wird sich darin wohl und gemütlich fühlen.

Warten Sie nun einfach. Es kann ein oder zwei Tage dauern, bis die Würmer richtig in ihr neues Haus einziehen, denn sie brauchen etwas Zeit, um sich an die neuen Bedingungen anzupassen. Stellen Sie es sich so vor, als ob Sie Fische für ein Aquarium holen würden. Es ist am besten, sie sich langsam an die neuen Bedingungen anpassen zu lassen. Sie sollten nach zwei Tagen in ihr neues Zuhause umziehen. In ein oder zwei Tagen sollten Sie einige Würmer sehen, die sich um das hinzugefügte Futter gruppieren. Dies ist ein positives Zeichen dafür, dass alles in Ordnung ist.

Warten Sie, bis der größte Teil der Mahlzeit aufgebraucht ist, bevor Sie mehr hinzufügen. Die Würmer sollten in der Lage sein, die Nahrung leicht und langsam zu verzehren. Mit zunehmender Anzahl der Würmer steigt auch das Kompostierungspotenzial in Ihrer Deponie.

Es wird anschliessend Zeit, den Wurmkot zu ernten, aber es kann eine Weile dauern, bis die erste Ernte erfolgt. Der Behälter wird in Vorbereitung auf die erste

Ernte nur auf einer Seite gefüttert. Schließlich werden die meisten Würmer im Laufe einiger Wochen auf diese Seite wandern. Dann werden auf der Seite, die nicht gefüttert wurde, relativ wenige Würmer sein und der Kompost kann im Garten verwendet werden.

VORTEILE DER KOMPOSTIERUNG FÜR DIE UMWELT

Die aerobe Kompostierung ist eine sehr einfache Methode, um ein unglaublich dichtes organisches und natürliches Material mit einer natürlichen Methode namens "aerobe Zersetzung" herzustellen. Kompostierung bezieht sich, einfach ausgedrückt, auf den langsamen und kontinuierlichen Zyklus der Zersetzung verschiedener natürlicher und organischer Materialien, wie Garten- und Grasschnitt, sehr kleiner Zweige und Stöcke, von Baumblättern und andere ähnlichen Abfällen, die jeden Tag in der Natur vorkommen. Gärtner auf der ganzen Welt wissen, dass Kompost ein hervorragender Bodenverbesserer und Zusatzstoff im Garten ist, der die Produktivität und Bearbeitbarkeit in Verbindung mit fast jeder Form von Mutterboden verbessert. Wenn Sie Ihren aktuellen Gartenboden mit aerobem Kompost aufbereiten, wird er reicher und sicherer, um dem Pflanzenleben zu helfen, schneller und stärker zu wachsen, was unserer Welt in einer Vielzahl von einfachen Möglichkeiten von der Nahrungsmittelproduktion bis zur Bewässerung als Nebeneffekt zugute kommt. Das ist genau der Grund, warum Gärtner auf der ganzen Welt Aerobic Compost lieben und bewundern, weil er voller Mineralien und Nährstoffe ist, die perfekt sind, um ein stabiles, üppiges und schnelles Pflanzenwachstum zu fördern.

DIE SIEBEN GRUNDLEGENDEN ELEMENTE FÜR DIE KOMPOSTIERUNG

Der effektivste und auch der einfachste Schritt, den Sie unternehmen können, um Abfall zu reduzieren und einen gesunden, produktiven Garten zu züchten, ist wahrscheinlich die Kompostierung von Gartenabfallmaterialien aus dem Hinterhof und Küchenresten. Die Verwendung von Kompost in Ihrem Garten recycelt Vitamine und Mineralien sowie organisches und natürliches Material, das dabei hilft, mit viel weniger Wasser, industriellen Düngemitteln und sogar Pestiziden problemlos Blumen oder Gemüse anzubauen. Wenn Sie sich bewusst sind, was Kompost eigentlich ist und wie er Ihrem Garten zugute kommen kann, können Sie auch als Gartenneuling einen qualitativ hochwertigen Kompost herstellen. Eine einfache Checkliste erklärt die sieben grundlegenden Elemente, die für einen effizienten und sicheren Komposthaufen erforderlich sind.

1. DIE GEEIGNETEN ARTEN VON MATERIALIEN

Uns wird ständig gesagt, dass wir Menschen eine ausgewogene Ernährung brauchen, um in guter Form zu bleiben, und genau das gleiche gilt für den Komposthaufen. Die Materialien, die Sie Ihrem Komposthaufen zufügen, sind die Nahrungs- und Energiequelle. Kompostierende Mikroben gedeihen am besten auf einer

Mischung aus saftigen, schmackhaften, stickstoffreichen Materialien, die als "Grünzeug" bekannt sind, wie z. B. frischer neuer Rasenschnitt, Unkraut und sogar Gartenflora, sowie holzigen, kohlenstoffreichen Elementen, die als "Braunzeug" bekannt sind, wie z. B. Herbstlaub, Bäume, Stroh oder Papier. Ich könnte mir vorstellen, dass Sie alle schon einmal gehört haben, dass es eine kluge Idee ist, nur Lebensmittelabfälle aus der Küche auf den Kompost zu geben. Obwohl dies funktioniert, ist ein gutes Gleichgewicht von Braun- und Grünabfällen wichtig, um schnelle Ergebnisse zu erzielen. Als Faustregel gilt, dass Sie Ihren aeroben Komposthaufen oder Ihre Komposttonne mit einem Teil Material des Typs "Weiß" zu etwa 30 Teilen Material des Typs "Braun" füllen. Dieses Verhältnis ist kritisch, da ein aerober Haufen, der viel braunes Material enthält, sehr lange braucht, um zu verrotten, während viel grünes Material zu einer stinkenden Algenplage führt. Denken Sie daran, dass alle Materialien, die Sie dem Komposthaufen hinzufügen, auch die folgenden Eigenschaften haben müssen, um die beste Form von Kompost zu bilden.

1) Sie müssen biologisch abbaubar sein, und

2) sie sollten Dinge enthalten, die Mikroorganismen lieben.

Das bedeutet, dass Sie sich von den Dingen fernhalten müssen, die sie nicht mögen, wie z.B. verschiedene Lebensmittel, Knochensplitter, Fette und Speiseöle sowie milchähnliche Produkte, weil sie sich nicht leicht zersetzen und den Komposthaufen normalerweise schrecklich stinken lassen. Die Aufnahme von Fleischprodukten in einen aeroben Komposthaufen ist außerdem eine offene Einladung an Ratten und andere Aasfresser, sich von Ihrem Komposthaufen zu ernähren.

2. PRODUKTGRÖßE

Wie bei vielen Dingen im Leben kommt es auch hier auf die Größe an. Das Hinzufügen von großen Bäumen, großen Blattmaterialien oder sogar ganzen Lebensmitteln zu Ihrem Komposthaufen wird die Zersetzungsrate nur verzögern. Alle kompostierenden Mikroben, Käfer und Kompostwürmer, die in Ihrem Kompost leben, haben nur kleine Kiefer, daher mögen sie natürlich kleinere Portionen zum Kauen. Das Zerkleinern von größeren organischen Lebensmitteln mit einer Säge, einem Gartenhäcksler oder dem Rasenmäher hilft, die größeren Teile in kleinere mundgerechte Stücke zu zerlegen. Fast alle Bakterien und Mikroorganismen haben es in der Regel schwer, ihre bevorzugte Nahrung in großen, holzigen, braunen Materialien zu finden, da diese eine raue Beschichtung haben, und das Zerkleinern der Materialien, die Sie hinzufügen, hilft ihnen auf ihrem Weg. Da die kompostierbaren Materialien viel kleiner gemacht werden, wird den Mikroben, welche die Aufgabe der Zersetzung übernehmen, viel mehr Oberfläche und innere Fläche geboten. Wenn diese Materialien im Voraus entfernt und zerkleinert werden, hilft dies, den Prozess der Zersetzung zu erleichtern, denn je kleiner die Stücke sind, desto schneller können sie sich zersetzen. Allerdings gibt es beim Zerkleinern von holzigen Materialien auch eine Kehrseite der Feinheit. Solche kleineren Partikel erzeugen einen kompakteren aeroben Komposthaufen, der die Belüftung und den Luftstrom innerhalb des Haufens minimiert, was wiederum zu einem anaeroben Zustand aufgrund von Sauerstoffmangel führen kann, so dass der Haufen häufiger umgeschichtet werden muss.

3. DIE GRÖßE DES KOMPOSTHAUFENS

Die Größe Ihres Komposthaufens macht oft einen wesentlichen Unterschied für die endgültige Qualität des fertigen Haufens, nicht nur für den Grad der Zersetzung. Ein Komposthaufen muss typischerweise höchstens ein Volumen von etwa einem Kubikmeter haben, da er so leichter zu verwalten ist. Daher neigen kleinere aerobe Komposthaufen dazu, leicht auszutrocknen und erfordern regelmäßige Bewässerung, obwohl handelsübliche Kompostbehälter mit festen Seiten und einem Deckel helfen können, kleinere Haufen feucht zu halten. Größere aerobe Komposthaufen benötigen viel zusätzlichen Platz und müssen umgeschlagen werden, um mehr Luft in ihre Mitte zu lassen.

4. WASSERGEHALT

Die richtige Wassermenge ist eine weitere wichtige Komponente im Hinblick auf eine schnelle aerobe Kompostierung. Mikroben leben in dünnen wässrigen Filmen, die die Elemente des Komposthaufens umgeben, und helfen so, den Komposthaufen jederzeit feucht zu halten. Wenn Ihr Haufen ausgetrocknet wird, können die bakteriellen Mikroben nicht effektiv arbeiten, also geben Sie etwas zusätzliches Grünzeug hinzu. Wenn der Haufen zu nass wird, können die bakteriellen Mikroben nicht die Menge an Sauerstoff erhalten, die sie atmen wollen, also fügen Sie etwas extra Braunes hinzu und geben Sie eine Gabel über den Haufen, um es unterzumischen. Es ist einfach herauszufinden, ob Ihr Komposthaufen die richtige Menge an Wasser enthält (40-60 Prozent): Nehmen Sie einfach eine kleine Handvoll des kompostierbaren Materials und drücken Sie es aus. Wenn Wasser durch die Fingerspitzen fließt, ist der Haufen zu nass. Um die bakterielle Zersetzung und das Wachstum gewährleisten zu können, muss der Kompost etwas feucht sein, idealerweise wie ein feuchtes Tuch oder ein Schwamm.

5. BELÜFTUNG-MATERIAL

Kompostierung ist wie erwähnt ein aerober Prozess. Um zu helfen, Kompost von höchster Qualität leicht zu pruduzieren, ist es wichtig, viel frische, saubere Luft zu haben, um die Mikroben und Käfer, die darin leben und gedeihen, atmen zu lassen. Wenn Sie Ihren Kompost ein- oder sogar zweimal pro Woche mit einem Spaten oder einer Mistgabel umhacken, hilft das, den Haufen zu belüften und die neu hinzugefügten frischeren Außenmaterialien in seine Mitte zu bringen und umgekehrt. Das Gabel- oder Wendesystem, das trockene oder grobe Materialien in den Komposthaufen einbezieht, hilft, die Belüftung zu erhöhen, die Produktion von geruchsverursachenden Bakterien zu verhindern und hilft auch, den aeroben Kompostierungszyklus zu beschleunigen. Diese Praxis des periodischen Umhackens von Kompost, um den Zersetzungsprozess des Haufens zu beschleunigen, ist als "aggressive Kompostierung" bekannt. Durch einfaches Wenden und Zerkleinern des Haufens kann überschüssiges Wasser entweichen und verdampfen, während gleichzeitig frische, saubere Luft in den Haufen gelangt.

6. MIKROORGANISMEN UND KÄFER

Ohne die Anwesenheit der Mikroben und Käfer, die die ganze Arbeit machen, wäre kein aerober Komposthaufen, der seinen Namen verdient, vollständig. Es sind diese winzig kleinen, luftatmenden Mikroorganismen und ihre größeren, bodenliebenden Vettern, die von Natur aus in der Bodenstruktur zu finden sind, die in der feuchten und nährstoffreichen Umgebung, die Sie geschaffen haben, gedeihen werden. So beginnen die kleineren Zersetzer Pilze und Bakterien den Prozess der Zersetzung, während größere Tierchen wie Würmer, Käfer, Tausendfüßler und Hundertfüßler die Zersetzungsphase abschließen. Was zurückbleibt, ist ein sich verbesserndes Medium für fast schwarzen Humusboden. Um effizient wachsen und sich vermehren zu können, benötigen all diese Makro- und Mikroorganismen eine Energiequelle, wie z.B. die "Braunen", die ihnen eine Kohlenhydratquelle bieten, und die "Grünen", die ihnen eine reichhaltige Quelle für Proteine bieten. Darüber hinaus benötigen sie Sauerstoff und Wasser, um zu überleben. Wie wir Menschen auch, haben es diese Tierchen gerne warm und gemütlich, was bedeutet, dass Ihre kompostierbaren Materialien in den Sommermonaten sicherlich viel schneller zu einem fertigen Kompost werden können, da die Sonnenstrahlen helfen, die Dinge im Vergleich zu den kälteren Wintermonaten aufzuwärmen.

7. KEINE EILE, SEIEN SIE GEDULDIG

Es braucht Zeit, um Aerobie zu recyceln. Die Kompostierungsgeschwindigkeit oder -rate hängt, wie wir gezeigt haben, von mehreren Faktoren ab, wie z.b. dem Feuchtigkeitsgehalt, dem Belüftungsgrad, sowie dem prozentualen Verhältnis von Kohlenstoff zu Stickstoff, also dem tatsächlichen Verhältnis von Grün- zu Braunanteil.

Belüftung und Feuchtigkeit sind im Allgemeinen die beiden Schlüsselfaktoren, die die Zeit beeinflussen, die benötigt wird, um Ihren fertigen Kompost zu erzeugen. Sie können also Mutter Natur auf ihrem Weg unterstützen, indem Sie Ihren Komposthaufen regelmäßig, ca. ein- bis zweimal pro Woche, umhacken und wenden, was im Sommer in etwa ein bis zwei Monaten zu Qualitätskompost führt, während nur monatliches Wenden erst in etwa vier bis sechs Monaten zu Kompost führt. Die schnellste Kompostierung erfolgt, wenn die braunen und grünen Materialien bereits vorgemischt wurden, indem man etwas früheren mikrobenreichen Kompost hinzufügt und den Haufen wöchentlich wendet oder mischt sowie den Luft- und Wassergehalt kontrolliert. Aber wenn das alles zu viel Aufwand ist, dann lehnen Sie sich zurück, entspannen Sie sich und lassen Sie die Käfer die Arbeit machen. Aerober Kompost ist ein hervorragender Bodendünger im Garten, der die Bearbeitbarkeit und Wirksamkeit des Gartenbodens verbessert.

Die richtige Menge und Art der Materialien, die Sie dem Komposthaufen hinzufügen, machen wirklich einen großen Unterschied in Bezug auf das Qualitätsniveau und die Kompostierungszeit. Sie sollten sich Ihren aeroben Komposthaufen als ein in sich geschlossenes Ökosystem vorstellen, und um zu wachsen und es zu erhalten, braucht dieses spezifische Ökosystem die richtige Mischung von Zutaten und Materialien wie "Sauerstoff" (Luft), "Wärme" (Sonne), "Fleisch" (kompostierbare Materialien) und "Feuchtigkeit" (Wasser), was zur Konsistenz und Menge des fertigen Komposts führt.

MEINE ZAPPELIGEN FREUNDE HELFEN BEIM KOMPOSTIEREN

Wenden wir uns nun wieder der Wurmkompostierung zu. Ich wusste gut über Kompostierung Bescheid. Ich hatte einen kleinen Komposthaufen in meinem Hinterhof. Aber als ich das erste Mal von Wurmkompostierung hörte, musste ich (peinlicherweise, wie ich hinzufügen möchte) zweimal nachfragen, ob die Person nicht einen Scherz machte. Als ich nach Hause kam, habe ich im Internet recherchiert und herausgefunden, dass diese zappeligen Freunde tatsächlich helfen, Kompost herzustellen. Der Prozess unterscheidet sich interessanterweise vom normalen Kompostierungsverfahren.

Wurmkompostierung oder Vermikultur ist eine einfache, kostengünstige und wartungsarme Art der Kompostherstellung. Sie hat eine Menge Vorteile. Es erfordert definitiv weniger Arbeit, lassen Sie einfach die Würmer all Ihre Abfälle auffressen und in zwei Monaten haben Sie einen reichhaltigen Kompost zu Ihrer Verfügung.

Die Würmer, die bei der Kompostierung verwendet werden, sind die Brown-Nose-Würmer oder Rotwürmer. (Daher kommt auch der Name meiner Website "RedWormFarms.com".) Sie funktionieren am besten in Behältern und auf befeuchteter Einstreu. Nachtwürmer oder große, bodenwühlende Würmer sind nicht gut für Kompostierungszwecke. Bleiben Sie einfach bei den Rotwürmern (Eisenia fetida) und die Dinge werden gut funktionieren. Alles, was Sie tun müssen, ist, Lebensmittelabfälle in den Behälter zu geben, und schon bald werden die Würmer sie auffressen und zusammen mit der Einstreu zu Kompost verarbeiten.

Bevor Sie Ihre Rotwürmer in Behälter legen, legen Sie eine schöne Schicht Papier als Einstreu für die Würmer. Jede Art von Papier ist geeignet, aber es wurde beobachtet, dass die Würmer Zeitungen, Kartons, Papierhandtücher und andere grobe Papiere schneller verzehren. Die Würmer fressen diese Einstreuschicht zusammen mit den Essensresten, um sie in Kompost umzuwandeln. Sie können auch ein wenig Erde und ein paar Stücke Laub auf das Papier geben. Wenn sich Ihr Rotwurm-Behälter außerhalb des Hauses befindet, sollten Sie in Erwägung ziehen, Viehdung darauf zu geben. Rotwürmer lieben ihn.

Obst, Getreide oder Gemüse eignen sich hervorragend für die Wurmkompostierung. Die Rotwürmer können Eierschalen, Kaffeesatz und sogar Teebeutel fressen. Vermeiden Sie es, ihnen Fleisch, Fisch, Öl und andere tierische Produkte zu geben. Wie bei der traditionellen Kompostierung locken diese Materialien nur Schädlinge in den Kompostbehälter und erzeugen außerdem einen schlechten Geruch.

Das Verhältnis von Würmern zu Speiseresten richtet sich danach, wie viel Abfälle Sie in einer Woche kompostieren möchten. Wenn Sie z. B. 1 Pfund Speisereste pro Woche kompostieren möchten, benötigen Sie nur ein Pfund Rotwürmer. Sie brauchen keine zusätzlichen Rotwürmer in den Behälter zu geben, es sei denn, Sie wollen die Menge der Lebensmittelabfälle, die Sie wöchentlich kompostieren wollen, erhöhen.

Bei Behältern sollten Sie darauf achten, dass sie gut belüftet sind, um die Luft hineinzulassen und die überschüssige Feuchtigkeit herauszulassen. Sie können Kunststoffbehälter und sogar Holzkisten für die Wurmkompostierung verwenden.

Die Zeit zum Ernten wäre, wenn der Behälter voll ist. Schaufeln Sie die unverdauten Essensreste sowie die Würmer, die sich normalerweise auf den oberen paar Zentimetern des Materials befinden, heraus. Das verbleibende Material im Inneren des Behälters ist Ihr Kompost. Um die restlichen Würmer aus dem Kompost zu entfernen, können Sie den Kompost unter dem Sonnenlicht ausbreiten.

Lassen Sie ein paar kleine Komposthügel stehen. Da die Hitze den Kompost trocknet, werden sich die Würmer in den Hügeln sammeln. Achten Sie nur darauf, den Kompost nicht zu lange in der Sonne zu lassen, sonst sterben die Würmer.

Danach können Sie die Würmer wieder in den Behälter geben und den Vorgang von vorne wiederholen. Sie sehen, so helfen unsere zappeligen Freunde bei der Herstellung von Kompost und für diejenigen, die das Gefühl von Würmern in ihren Händen nicht stört, könnte dies ein guter und einfacher Weg sein, um Kompost herzustellen.

BONUS: WIE MAN MIT WURMKOMPOS-TIERUNG BEGINNT

Die sprichwörtliche Win-Win-Situation ist wie erwähnt die Wurmkompostierung - auch bekannt als Vermikultur -. Warum eigentlich?

- Entsorgung von organischen Abfällen, wie z. B. Gemüseschalen, auf einfache Art und Weise.
- Sie spart Deponieraum in der Gemeinde, was gut für die Umwelt ist.
- Sie bietet Würmern ein glückliches Zuhause und alle kostenlosen "Fressalien", die sie sich wünschen könnten.
- Das Beste von allem ist aber: Wer einen Garten oder sogar Topfpflanzen hat, kann mit dem selbst hergestellten Kompost die Pflanzen gut versorgen und pflegen.

Wurmkompostierung, von einigen Befürwortern als "die organische Müllentsorgung" bezeichnet, recycelt Lebensmittelabfälle zu einem reichhaltigen, dunklen, nach Erde riechenden Bodenverbesserer. Es ist ein so großartiges Mittel, dass z.b. die Firma Planet Natural eine Reihe von organischem Kompost zum Preis von $5,95 bis $10,95 sowie komposthaltige Blumenerden anbietet. Und trotz seines Rufs muss die Wurmkompostierung keine stinkende Angelegenheit sein. Wenn Sie darauf achten, die Dinge richtig einzustellen, sollte Ihr Kompostbehälter nicht stinken. Die Wurmkompostierung wird zunehmend als eine Möglichkeit gesehen, unserer Umwelt zu helfen und Abfall zu reduzieren. In ganz Kalifornien hat die Stadt Oakland ein Recyclingprogramm speziell für Lebensmittelabfälle. Die Stadt Vancouver in Britisch-Kolumbien, Kanada, stellt den Menschen Wurmkübel zur Verfügung und hat sogar eine Hotline, die man anrufen kann, um herauszufinden, wo man Würmer kaufen kann. Spokane, Washington, stellt Informationen über den Einstieg in die Wurmkompostierung bereit, um die Einwohner zu ermutigen, diese umweltfreundliche Müllentsorgung auszuprobieren.

Sie benötigen: Würmer, einen Behälter und eine "Einstreu", um loszulegen.

DIE WÜRMER

Gehen Sie auf keinen Fall hinaus und graben Sie Nachtkrabbler aus, die bei Ihnen zu Hause im Boden leben, um Ihren Kompostbehälter zu bevölkern. Nachtkrabbler müssen Tunnel graben, um sich durch die Erde zu fressen und zu überleben, und können nicht von pflanzlichen Abfällen leben. Stattdessen werden Rotwürmer benötigt - Eisenia foetida (auch bekannt als Red Wiggler, Brandling oder Dungwurm bzw. in Deutsch als Kompostwurm, Stinkwurm oder Mistwurm) ist die erste Wahl, ersatzweise geht auch der Lumbricus rubellus (roter Waldregenwurm). Sie können Würmer z.b. auf meiner Website RedWorm-Farms.com oder anderen spezialisierten Seiten kaufen. Klingt ein bisschen seltsam, aber ja - es funktioniert wirklich, Sie können Ihre Würmer online bestellen und sie werden Ihnen per Post zugeschickt.

Für jedes Pfund Lebensmittelabfälle pro Tag empfiehlt Mary Appelhof, Autorin von "Worms Eat My Garbage", zwei Pfund Würmer - etwa 2.000 Wiggler - (einige Experten empfehlen ein Verhältnis von eins zu eins - ein Pfund Würmer pro ein Pfund Abfall – es kommt natürlich auf die Zusammensetzung des Abfalls an, aber irgendwo zwischen diesen genannten Werten wird der richtige Wert sein). Um herauszufinden, wie viel Lebensmittelabfall in Ihrem Haushalt anfällt, beobachten Sie ihn eine Woche lang und teilen Sie ihn durch sieben. Wenn Sie Ihre Mülltonne mit Würmern bevölkern, denken Sie auch daran, dass die Würmer ihre Population alle 90 Tage verdoppeln können, vorausgesetzt, Sie geben ihnen ausreichend Nahrung und ein gutes Zuhause. Es ist wahrscheinlich am besten, mit etwas weniger Würmern zu beginnen, als Sie benötigen, und einfach zu erwarten, dass Ihre Wurm-Population wächst, um Ihren Bedarf an organischer Abfallverarbeitung zu decken.

DER KOMPOSTBEHÄLTER

Die Würmer brauchen auch ein Gefäß. Hier finden Sie eine Vielzahl von Wurmdosen im Angebot, darunter die Wormtopia und die Can O Worms. Sie sind preisgünstig zwischen 100 - 130 USD. Sie können auch Ihren eigenen erstellen, wenn Sie dies bevorzugen. Ich habe dazu weiter vorne im Buch bereits Angaben zu Alternativen gemacht. Wenn es um Kompost geht, ist die Größe wichtig. Sie werden einen Behälter wollen, der zwischen 20 und 30 cm tief ist. Holz ist ein starkes Baumaterial. Wenn Sie keine Lust haben, von Grund auf neu zu bauen, kann sogar eine Wanne vom Typ "Rubbermaid" angepasst und in einen Kompostbehälter verwandelt werden. Bücher wie "Worms Eat My Garbage" geben Ihnen Details, wie Sie Ihren Kompostbehälter bauen können. Beachten Sie nur, dass Würmer eine dunkle, feuchte (nicht nasse) Umgebung mögen und Licht nicht gerne haben. Jeder Behälter sollte einen undurchsichtigen Charakter haben.

Die Behälter können Sie unter der Spüle, außerhalb der Küche oder in Ihrer Garage platzieren. Die Temperatur ist eine wichtige Überlegung. Idealerweise sollte ein Wurmkompostbehälter in einem Bereich zwischen 4 und 27 Grad Celsius stehen. Die Lieblingstemperaturen der Würmer liegen aber im Bereich von 13 bis 25 Grad Celsius. Wenn Sie in einem rauen Winterklima leben, müssen Sie Ihren Behälter in den Wintermonaten nach drinnen stellen oder saisonal kompostieren. Eine weitere Überlegung: Würmer sind wie Menschen, sie mögen keinen Lärm oder Vibrationen. Halten Sie sie von Bereichen mit viel Verkehr fern.

DIE EINRICHTUNG

Sobald Sie die Würmer und die Behälter haben, sind Sie bereit, Ihr "Kompostlager" einzurichten. Zuerst wollen Sie Ihren Würmern ein Zuhause bauen, und zwar eines, das sie glücklich und produktiv macht. Sie werden Einstreu benötigen, die den Behälter zu einem Drittel bis zur Hälfte füllt. Saugen Sie Wasser mit einer großen Menge geschredderter Zeitungen oder Pappe auf, um Einstreu herzustellen. Würmer wollen eine Umgebung, die zu 75 % aus Wasser besteht. Zeitungen sollten nur ein paar Minuten brauchen, um genug Wasser aufzunehmen, um eine gute Einstreu zu bilden. Lassen Sie Pappe über Nacht einweichen, z. B. Rollen von Toilettenpapier und Taschentuchkartons. Verwenden Sie keine Gartenerde, und mischen Sie keinen frischen Kuh-, Pferde- oder Hühnermist in die Einstreu. Diese geben Gase ab und erhöhen die Temperatur in Ihrem Kompostbehälter. Sie könnten Ihre Würmer zu Tode "kochen" lassen. Wenn Sie das Einstreumaterial eingeweicht haben, wringen Sie es aus, bis es feucht ist, aber nicht tropft. Geben Sie es mit etwas Körnigem wie etwas saubere Erde (nicht Erde aus Ihrem Garten), feinem Sand, Laub, Maisstärke, Sägemehl oder gemahlenen Eierschalen in den Behälter. Würmer haben keine Zähne, also brauchen sie etwas Körniges, das ihnen hilft, das Papier und die Nahrung zu zerkleinern. Sobald Ihr Behälter in Betrieb ist, ist er autark, so dass Sie kein zusätzliches Streugut hinzufügen müssen, bevor Sie den Wurmkot sammeln und den Behälter reinigen.

Damit sich Ihre Würmer wohlfühlen, graben Sie nach unten und platzieren Sie Ihre Würmer dort bis etwa zur Mitte der Einstreu. Legen Sie sie nicht einfach obenauf. Legen Sie dann den Deckel auf den Behälter und halten Sie ihn bei einer moderaten Temperatur. Lassen Sie sie etwa eine Woche lang in Ruhe einziehen. Sie werden sich von der Einstreu ernähren.

FÜTTERN

Füttern Sie Ihre Würmer nach etwa einer Woche mit Lebensmittelresten wie Obst- und Gemüseschalen, pulverisierten Eierschalen, Teebeuteln und Kaffeesatz. Vermeiden Sie Fleischreste, Knochen, Fisch, Milchprodukte und fettige Lebensmittel, da diese Ihren Komposthaufen stinken lassen und außerdem Fliegen und Nagetiere anziehen. Experten sind sich uneinig darüber, ob man Nudeln und Körner in den Kompost werfen oder im normalen Müll entsorgen soll. Am besten experimentieren Sie und lassen sich von Ihren Würmern sagen, was sie fressen oder nicht fressen.

Es gibt natürlich bestimmte Dinge, die Würmer nicht fressen oder nicht fressen sollten. Entsorgen Sie kein Glas, Aluminium oder Plastikfolie in Ihrem Kompost. Papier kann zwar als Einstreu verwendet werden, aber legen Sie kein farbig bedrucktes Papier darauf. Die Würmer ertragen keine giftigen Druckfarben. Vermeiden Sie auch Gummibänder und Schwämme. Füttern Sie die Würmer am besten einmal pro Woche in kleinen Mengen. Sie werden mit einer stinkenden Komposttonne enden, wenn Sie ihnen mehr füttern, als sie bewältigen können, da sich der Müll buchstäblich zurückstaut. Kompost stinkt nicht. Der üble Geruch kommt von der verrottenden Nahrung, die die Würmer noch nicht verzehrt haben. Wenn Sie ihnen Mahlzeiten in angemessener Größe geben - keine überdimensionierten Einträge - können sie das Futter fressen, bevor es anfängt zu verrotten (und zu stinken).

Zerkleinern Sie die pflanzlichen Stoffe, wenn sie zu langsam fressen. Das ist für sie einfacher zu essen und gibt dem Begriff "Fast Food" eine neue Bedeutung. Wenn das Zerkleinern nicht genug hilft, reduzieren Sie die Menge der organischen Substanz, die Sie füttern. Wenn Sie Ihre Würmer füttern, können Sie überprüfen und sehen, wie es läuft. Geben Sie etwas zusätzliche Papiereinstreu, um den Überschuss aufzusaugen, wenn die Einstreu nass ist. (Denken Sie daran, dass die Einstreu nass sein sollte, nicht tropfend.) Wenn die Einstreu zu trocken ist, verwenden Sie Wasser aus der Sprühflasche, um sie zu befeuchten. Sobald Ihr Kompostbehälter in Betrieb ist, benötigt er nur noch wenig Wartung, bis wenig oder gar keine ursprüngliche Einstreu mehr zu sehen ist und der Inhalt des Behälters nur noch aus braunem und "erdig" aussehendem Wurmkot besteht. Sobald Ihr Behälter diesen Punkt erreicht hat, ist es an der Zeit, den Wurmkot zu ernten und den Würmern neue Einstreu zu geben. Zwischen zweieinhalb Monaten bis alle sechs Monate kann der Wurmkot geerntet werden, je nachdem wie viele Würmer Sie haben und wie viel Futter Sie ihnen geben.

ERNTEN

Es gibt viele verschiedene Methoden der Ernte. Für diejenigen, die Zeit und Geduld oder kleine Kinder haben, schütten Sie den Inhalt des Behälters auf eine große Plastikfolie und trennen dann die Würmer manuell vom Kompost. In der Regel helfen Kinder gerne beim Sammeln des Wurmkots. Denken Sie daran, dass

Ihre Helfer Handschuhe tragen sollten, genauso wie Sie selbst. Sobald der Wurmkot entfernt wurde, heben Sie einen Teil des Komposts beiseite, um ihn unter die neue Einstreu zu mischen und den Zyklus von vorne zu beginnen.

Eine häufigere Art der Ernte ist, alles auf eine Seite des Behälters zu schieben - Würmer, Guss, Einstreu, Futter. Nehmen Sie teilweise verrottete Materialien auf und schieben Sie sie auf die andere Seite. Geben Sie etwas Futter über die teilweise zersetzten Produkte. Setzen Sie den Deckel wieder auf und lassen Sie ihn ein paar Wochen in Ruhe. Die Würmer sollten in dieser Zeit in das neue Futter hinüberwandern. Ziehen Sie sich ein Paar Handschuhe an, sobald sie auf die andere Seite gewandert sind, und ernten Sie den Wurmkot. Achten Sie darauf, dass dabei keine Würmer entfernt werden. Geben Sie den Würmern dann neue Einstreu, in die Sie etwas übrig gebliebenen Kompost mischen. Kompost ist nützlich, egal ob Sie eine Wohnung oder einen Garten mit Topfpflanzen im Hinterhof haben. Verwenden Sie Kompost, um die Blumenerde und Gartenerde anzureichern. Er eignet sich auch hervorragend als Mulch. Es ist relativ problemlos und Sie helfen nicht nur Ihren Pflanzen, sondern auch der Umwelt.

FAZIT

Haben Sie jemals einen sehr schönen Boden rund um Ihr Haus zum Gärtnern gehabt? Wenige schon. Der lehmartige Boden verhinderte in meinem Fall eine gute Wasserableitung und es war schwierig, neue Pflanzen zu kultivieren. Oft war der Sandgehalt zu hoch, was das gegenteilige Problem verursachte - Wasseransammlungen. Außerdem fehlte es an einem geeigneten Bodennährstoff für große Pflanzen. Man könnte den gesamten Boden austauschen - ein zeitaufwändiger Prozess, der sehr teuer ist -, Hochbeete bauen oder daran arbeiten, die bestehenden Bedingungen zu verbessern. Kompostierung ist die Antwort darauf. Kompostierung ist die Zersetzung von Pflanzenresten und anderen ehemals lebenden Materialien, um eine erdige, schmutzige, krümelige Schicht zu erzeugen, die sich ideal zum Hinzufügen oder Anreichern von Gartenerde für Zimmerpflanzen eignet. So kann man der Umwelt einen großen Dienst erweisen. Kompostierung ist der Prozess, bei dem von Natur aus zersetzte organische Materialien zu einem reichhaltigen Boden, dem Kompost, recycelt werden.

Kompostieren ist ähnlich wie Kochen, und das einfachste Kompostrezept erfordert das Mischen von Teilen von grünem oder feuchtem Material, das viel Stickstoff und viel Kohlenstoff enthält, sowie braunem oder trockenem Material. Die Kompostierung zu Hause macht Spaß und ist einfach zu bewerkstelligen und erfordert keine großen Investitionen an Zeit, Geld und

Mühe, um erfolgreich zu sein. Kompostieren ist ein kostengünstiger, natürlicher Prozess, der die Abfälle aus Ihrer Küche und Ihrem Garten in wertvolle Nahrung für Ihren Garten verwandelt. Kompostierung ist eine Möglichkeit, die Menge an landwirtschaftlichen Abfällen zu reduzieren und sie dem Boden zum Nutzen der wachsenden Pflanzen zurückzugeben. Sie werden Ihren Garten dafür lieben.

ANDERE BÜCHER VON DAVID BRIAN

(In Englisch)

Basics and Benefits of Worm Composting

Welding Tips & Tricks

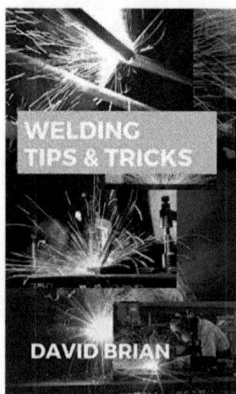

5 Year Garden Planner